DE LA

POSSESSION DES MEUBLES

En Droit Romain et en Droit Français

(Article 2279 et 2280 du Code civil)

PAR

Louis ACQUIER

Docteur en Droit, Juge au Tribunal civil de Lodève, Collaborateur aux
Pandectes françaises et à la Grande Encyclopédie du XIXᵉ siècle.

MONTPELLIER
IMPRIMERIE GROLLIER FILS, RUE DAUPHINE, 6

1889

DE LA

POSSESSION DES MEUBLES

En Droit Romain et en Droit Français

(Article 2279 et 2280 du Code civil)

PAR

Louis ACQUIER

Docteur en Droit, Juge au Tribunal civil de Lodève, Collaborateur aux
Pandectes françaises et à la *Grande Encyclopédie du XIX* siècle.*

MONTPELLIER

IMPRIMERIE GROLLIER FILS, RUE DAUPHINE, 6

—

1889

DE LA

POSSESSION DES MEUBLES

En Droit Romain et en Droit Français

———— ✻ ————

PROLÉGOMÈNES

————⊙————

L'article 2279 du Code civil dispose : « En fait de meubles, la possession vaut titre. — Néanmoins, celui qui a perdu, ou auquel il a été volé une chose, peut la revendiquer pendant trois ans, à compter du jour de la perte ou du vol, contre celui entre les mains duquel il la trouve, sauf à celui-ci son recours contre celui duquel il la tient. »

L'article 2279 contient une maxime et indique une exception à cette maxime.

La règle édictée par cet article est d'autant plus obscure qu'elle est formulée d'une manière brève qui la rend énigmatique ; aussi, pour la faire comprendre, avons-nous besoin de l'éclaircir en recherchant son *origine* et en faisant son *historique*.

ORIGINE. — L'origine de la règle *En fait de meubles la possession vaut titre* remonte, dans notre droit, jusqu'à la loi salique et à la loi ripuaire. Depuis cette époque elle a subi une assez longue éclipse dont il est difficile de préciser le commencement et la fin. Tout ce que nous pouvons dire à cet égard: c'est d'abord que nos anciennes coutumes contiennent des dispositions sur la prescription acquisitive des meubles, dispositions d'ailleurs assez divergentes, ici la prescription des meubles s'accomplissant par trois ans, là par cinq ans, ailleurs par un délai plus long; c'est, d'autre part, que la règle se trouve, dans le cours du XVIIIᵉ siècle, consacrée par la jurisprudence du Châtelet, ainsi que l'atteste Bourjon. Ces divers points seront résolus d'une manière assez complète par l'étude des modifications que la règle a subies depuis le Droit Romain jusqu'à nos jours.

DROIT ROMAIN

A Rome, le droit civil (loi des XII tables) avait établi que celui qui avait acheté ou acquis de bonne foi à titre de donation ou autre juste titre une chose de celui qui n'en était pas propriétaire, qu'il croyait cependant tel, en acquérait la propriété *par la possession d'un an si elle était mobilière,* en quelque lieu qu'elle fût, ou par la possession de deux ans si elle était immobilière et située en Italie, disposition ainsi établie pour assurer la propriété des biens, et parce que les anciens croyaient que ce temps était suffisant aux propriétaires pour faire les recherches de leurs biens. Justinien, jugeant que c'était dépouiller les propriétaires trop tôt de leurs biens, et trouvant injuste que ce bénéfice fût renfermé dans un certain lieu, rendit une ordonnance par laquelle il est établi que les *choses mobilières* seront prescrites *par la possession de trois ans,* et les choses immobilières par une longue possession (*præscriptio longi temporis,* introduite déjà dans la pratique par le préteur), c'est-à-dire de dix ans entre présents (habitant la même province), et de vingt ans entre absents (n'habitant pas la même province), supprimant à cet égard toute différence entre les biens situés en Italie ou dans tout autre pays soumis à son empire. (INSTITUTES, liv. II, tit. VI, *de Usucapionibus.*)

Après l'expiration des délais ci-dessus marqués (trois ans pour les meubles, dix ou vingt ans pour les immeubles), le propriétaire n'était plus en droit de *revendiquer* sa chose. Le possesseur d'une chose mobilière troublé dans sa possession avait, pour la faire respecter, une action possessoire connue sous le nom d'*interdictum utrubi.*

Une exception fut établie pour les choses volées ou possédées par violence, qui ne purent jamais être prescrites, bien qu'elles eussent été possédées de bonne foi pendant le temps voulu, car la loi des 12 tables et la loi Atinia défendaient la prescription des choses volées et la loi Julia et Plautia, celle des choses dont on s'était emparé par violence.

Cette exception ne s'entendait point soit à l'égard du voleur, soit à l'égard de celui qui s'était mis en possession d'une chose par force (car une autre raison les empêchait de prescrire, leur mauvaise foi) ; mais elle signifiait que tout autre qui les aurait acquises d'eux de bonne foi, à titre d'achat ou à un autre titre ne les pouvait prescrire. D'où il s'ensuivait que des choses mobilières se prescrivaient rarement par les possesseurs de bonne foi, parce que celui qui vend ou qui livre, à quelqu'autre titre, translatif de propriété, une chose qu'il sait appartenir à autrui commet véritablement un vol. (INSTITUTES, *de Usucap.*, liv., II tit. VI, § 2.)

Il y a deux vices inhérents à la chose volée ou à la chose possédée par violence, qui les suivent en quelques mains qu'elles passent, et qui font que celui qui en est possesseur ne la peut prescrire, quelque juste titre et quelque bonne foi qu'il ait ; ce sont : le *vol* et la *possession violente* ; la prescription n'en est possible que si ces deux vices sont purgés par le moyen que les Institutes indiquent, c'est-à-dire lorsqu'elles sont retournées en la possession des véritables propriétaires. (INSTITUTES, *de Usucap.*, § 8.)

Ce qui constitue le vol, ce qui rend la chose *furtiva*, ce n'est point l'appropriation de cette chose contre la volonté du propriétaire, il faut, en outre, une *intention frauduleuse* de la part de celui qui s'approprie la chose. Par exemple Seius a prêté un livre à Titius, ou bien il lui a loué son esclave ; Titius étant décédé, son héritier a trouvé ces objets dans l'hérédité ; dans la croyance qu'ils faisaient réellement partie de cette hérédité, il les a vendus ou donnés, ou constitués en dot à une personne *bona fide* ; voilà bien la chose d'autrui que le possesseur actuel s'est approprié contre la volonté de Seius, véritable propriétaire, et cependant la chose n'est pas *furtiva*, parce qu'il n'y a pas intention frauduleuse.

Quant à la *possession par violence* on la reconnaissait à la violence du fait qui la constituait, lorsque, par exemple, l'on attaquait ou l'on expulsait le propriétaire avec violence de son fonds, tandis que la chose *furtiva* ne se reconnaissait qu'en vertu des règles du droit.

DROIT GERMANIQUE

Nous avons dit plus haut que l'origine de la règle, objet de notre étude, remontait dans notre droit à la loi salique et à la loi répuaire; nous devons donc maintenant exposer sommairement les règles établies par ces deux lois relativement à la propriété des meubles et à leur revendication.

Deux hypothèses sont prévues par le droit Germanique : 1re hypothèse, le propriétaire a perdu contre son gré la possession de son meuble; 2me hypothèse, le meuble n'a été ni volé ni perdu par cas fortuit.

SECTION I

LE PROPRIÉTAIRE D'UN MEUBLE EN A PERDU LA POSSESSION CONTRE SON GRÉ

Chez les Germains, comme chez tous les peuples primitifs, l'action criminelle est une action *privée* par laquelle la partie citée a *seule* qualité pour demander la réparation du préjudice à elle causé par la perte de la possession d'un meuble et la punition du crime et du délit.

La propriété des meubles est parfaitement connue des Germains ; cette propriété (caractère distinctif) est en quelque sorte matérialisée et rendue visible par l'emploi général des marques de famille ou de maison, notamment pour les *bestiaux* qui forment la principale richesse des peuples barbares. Il semble, du reste, que cette marque de famille ou de maison ait été, dans une certaine mesure, envisagée comme la condition nécessaire de l'appropriation individuelle. D'après la loi salique (XXXIII, 2), le cerf était considéré comme *domestique*, seulement s'il était marqué d'un signe, et la Gragas permettait à chacun de s'emparer librement des bœufs et des moutons qui, à une certaine époque de l'année, n'avaient pas encore subi cette opération.

Nous indiquerons, ce caractère de la propriété bien établi, les conditions auxquelles un propriétaire de meubles volés peut rentrer en possession de son bien ; nous décrirons ensuite l'instruction préparatoire qui suit le vol ; nous étudierons enfin d'abord la procédure à suivre en cas de flagrant délit et, en second lieu, la procédure contradictoire.

Conditions de l'action. — D'après les textes du Digeste, la conception du *furtum* est fort large. Afin d'assurer la répression des faits reconnus coupables, les prudents appliquent les peines du vol dans des cas qui n'avaient pas été prévus à l'origine. Les rédacteurs des lois françaises agissaient, au contraire, dans la plénitude du pouvoir législatif ; pour des considérations d'équité faciles à saisir, l'abus de confiance et l'escroquerie ont été nettement distingués du vol. Les textes mérovingiens et carlovingiens se rattachent sur ce point à une doctrine intermédiaire. D'une part, en effet, on définit le vol « l'enlèvement clandestin d'un meuble » ; mais, d'autre part, notre vieille législation ne prononce pas de peine contre l'abus de confiance ; si le coupable restitue l'objet qui lui a été confié, il est à l'abri de toute poursuite et ne doit aucune amende.

Si le meuble a été perdu par cas fortuit, le propriétaire le revendiquera comme s'il avait été volé, le détenteur du bien sera traité comme voleur, s'il n'a pas accompli certaines formalités qui ont varié suivant les époques. L'État n'intervenait en rien ; c'était le particulier lui-même qui prenait ses voisins à témoins avant d'introduire dans sa maison la bête égarée ou l'objet perdu ; c'était lui encore et lui seul qui, par des moyens divers, donnait ensuite une plus grande publicité à la trouvaille qu'il avait faite. Il avait, d'après l'édit de Rotharis et la loi des Wisigoths, le choix ou d'avertir le juge ou d'annoncer le fait à haute voix devant l'église, en présence de tous ; d'après l'édit cité, cette publication devait être plusieurs fois renouvelée.

2

D'après la loi Ripuaire, le roi s'arroge la possession de l'objet.
Peut-être était-il déjà définitivement acquis au roi, si le propriétaire ne se présentait pas pour le réclamer dans un délai
déterminé.

Maintenant que nous connaissons les cas dans lesquels la
revendication des meubles est possible, recherchons quelles
sont les actions dont le propriétaire dépossédé pourra dispo-
ser. Si la victime du vol connaît l'auteur du délit, une action
criminelle peut être directement intentée contre lui, suivant la
procédure ordinaire *ex delicto*. Cette méthode sera suivie si
l'objet volé n'est pas retrouvé. Dans le cas contraire, le possesseur actuel de l'animal sera, en raison même de sa déten-
tion, considéré comme suspect et une action sera intentée
contre lui ; cette action s'appelle revendication mobilière. Cette
revendication a le caractère criminel aussi bien que l'action du
vol proprement dite. Du IXᵉ au XIᵉ siècle, c'est le point de vue
pénal qui domine encore ; le propriétaire se présente en se
basant sur le préjudice qui lui a été causé par le vol et non pas
en vertu de son droit de propriété. Il réclame bien en même
temps la restitution de son bien, mais il ne se borne pas à demander le châtiment du coupable, cela tient au caractère privé
de l'action criminelle. La revendication est donc simplement
une forme de l'action de vol, et cela est si vrai que, d'après
les lois barbares, la victime du délit ne serait certainement pas
autorisée à intenter l'action directe du vol contre le voleur et,
en même temps, la revendication mobilière contre le possesseur actuel.

A qui appartient l'action de la revendication mobilière et
pendant combien de temps cette voie de recours est-elle
ouverte aux propriétaires ? A l'inverse de ce que décident les
législations modernes, en cas de commodat, c'est au commodataire et à lui seul qu'appartient la revendication du meuble
volé, c'est à lui qu'est payée la compensation. Le prêteur peut
seulement exiger de l'emprunteur la réparation du préjudice
causé : cette règle se rattache au caractère criminel de notre

action. C'est au commodataire que l'injure a été faite ; c'est son domicile qui a été violé ; dans les idées germaniques, il est naturel que le droit de vengeance lui soit reconnu et à lui seul, ce qui nous donne lieu de penser que l'action devait nécessairement être intentée dans un délai fort court à partir du délit, pendant l'an et jour. Cette règle était nettement établie au commencement du Moyen-Age, il est donc permis de supposer qu'elle existait déjà à l'époque barbare ; Childebert II, dès l'année 569, portait à dix ans le délai de la prescription.

INSTRUCTION PRÉPARATOIRE.— C'est le propriétaire lui-même qui conduit l'instruction préparatoire, mais il peut compter sur l'appui du groupe auquel il appartient. Dès que le vol a été constaté, la victime du délit avertit ses voisins et les somme de l'assister dans ses recherches. Dans les vieilles coutumes islandaises, une amende est prononcée contre ceux qui refuseraient leur concours, et il en était de même chez les Francs-Saliens. La petite troupe ainsi formée se nomme *trustis,* ceux qui lui feraient violence seraient frappés d'une amende de 63 sous.

A la tête d'un certain nombre d'habitants de la centaine (trustis) le centenier poursuit d'office les malfaiteurs ; s'il retrouve l'objet, la moitié de la composition appartient à la *trustis,* à titre de prime. La victime du vol n'a droit à la composition toute entière que si elle a agi elle-même, sans avoir recours au centenier.

Nous savons ainsi par qui l'instruction sera dirigée, mais comment sera-t-elle faite ? Le propriétaire suit à la piste l'animal ou le voleur, *vestigia minat.* Si les traces conduisent à une maison, la perquisition domiciliaire commence et s'opère suivant certaines formes déterminées. Dans le principe, la visite était autorisée dans tous les cas, avec même l'emploi de la force ; mais la peine du talion frappait le particulier qui avait imprudemment exigé une perquisition domiciliaire ; si l'objet volé n'était pas découvert, le *vestigium minans* devait payer une amende. Ainsi de l'issue des recherches pouvait naître une obligation, soit à la charge de la victime du vol, soit à celle chez qui la perquisition avait été faite. Au Moyen-Age on alla plus loin, un pari dut précéder la visite et le demandeur fut contraint de déposer 4 deniers sur le seuil avant de le franchir.

PROCÉDURE EN CAS DE FLAGRANT DÉLIT. — Le vieux droit germanique attachait certaines conséquences à ce seul fait que l'accusé avait été trouvé en possession de l'objet. Dans ce cas, la peine du vol était plus élevée qu'à l'ordinaire d'après les lois anglo-saxonnes. Mais il ne faudrait pas cependant admettre qu'il y avait vraiment flagrant délit toutes les fois que la bête volée était découverte chez un tiers. D'après la loi Salique, ch. XXXVII, et la loi Ripuaire, ch. XLVII, il fallait en outre que trois jours ne se fussent pas encore écoulés depuis le vol. Les lois scandinaves réduisaient ce délai à deux jours.

Si, avant l'expiration des trois jours, les recherches du *vestigium minans* aboutissaient à la découverte de l'objet, les coutumes franques accordaient des droits exorbitants à la victime du vol en cas de flagrant délit, mais il fallait pour cela que les traces eussent conduit chez le possesseur actuel.

Quelle était la marche de la procédure dans notre hypothèse? Le titre XXXVII de la loi Salique et les titres XLI, § 1 et XLVII de la loi des Ripuaires nous éclairent suffisamment à cet égard.

Au début de la procédure, se place la constatation de l'identité de l'objet découvert avec l'objet volé. Le *vestigium minans* examine avec soin l'animal litigieux, et s'il reconnaît sur la peau ou à l'oreille le signe dont il marque ses bestiaux, il le déclare à haute voix devant la *trustis* tout entière ou devant les membres de la *trustis* qui l'ont assisté dans la perquisition domiciliaire, « agnoscere dicit » « c'est bien ma bête » ou même « c'est la bête qui m'a été volée » ; mais la loi n'exige de lui ni un serment, ni même l'emploi d'une formule solennelle. Le propriétaire rentrera en possession, même si l'objet revendiqué ne porte aucune marque.

Quels sont les droits du *vestigium minans* qui retrouve l'objet volé avant la fin des trois jours ? Pour résoudre cette question, il faut analyser et commenter les textes ci-dessus rappelés. En vertu du titre LXVII de la loi Ripuaire, le *vestigium minans* a la faculté de s'emparer des objets volés, s'il les découvre avant l'expiration des trois jours. Mais il est tenu en même temps de lier le voleur et de l'amener immédiatement devant la justice ; à défaut de juge régulier, un tribunal peut se constituer pour condamner le malfaiteur. Si l'accusé reconnaît les faits, aucune preuve ne sera nécessaire, mais dans le cas inverse le demandeur sera tenu d'établir que l'objet lui a été volé et qu'il l'a trouvé dans les trois jours entre les mains du défendeur. La preuve sera faite par témoins, leur nombre est fixé à 6. Après le serment des témoins, le procès est gagné et la culpabilité de l'accusé hors de contestation. Celui-ci n'est pas admis à appeler son auteur en garantie, ni à se défendre d'une façon quelconque. Le texte que nous venons d'analyser est relatif à la punition du coupable surpris en flagrant délit.

L'article XXXVII de la loi salique a trait à la restitution de l'objet volé. Avant l'expiration du délai de trois jours, la bête volée a été retrouvée. De deux choses l'une, ou le possesseur reconnaît les faits et se déclare disposé à rendre la bête, ou au contraire il soutient qu'il a acheté ou reçu en échange l'animal dont s'agit. Dans le premier cas, aucune preuve n'est imposée au revendiquant, car il est de principe en droit germanique que le demandeur obtient immédiatement gain de cause si l'autre partie n'oppose pas à son affirmation une affirmation contraire. La charge de la preuve incombe en effet au défendeur ; dès lors il doit être condamné, à moins qu'il ne démontre l'inexactitude des allégations de son adversaire. Dans notre première hypothèse, le propriétaire reprendra donc, sans aucune condition, l'objet volé ; la question de propriété sera tranchée d'une manière définitive.

Si, en sens inverse, le détenteur du bien revendiqué se présente comme ayant acheté ou reçu en échange le meuble liti-

gieux, et veut appeler en garantie son auteur, dans ce cas, le
défendeur ne sera pas autorisé à établir la vérité de son dire
puisque le délit est flagrant, mais son adversaire devra jurer
avec deux cojurateurs que la chose lui appartient, à cette condition il pourra reprendre l'animal, et ce d'une façon définitive.

Remarquons que notre texte s'occupe seulement de la restitution du bien soustrait. mais ne dit pas un mot de la peine
encourue par le malfaiteur. Nous pensons que, d'après la coutume des Saliens comme d'après celle des Ripuaires, le voleur
saisi avant l'expiration du délai de trois jours était lié et conduit immédiatement devant le juge, mais ici nous ne trouvons
aucune règle analogue à celle du titre LXXIII de la Loi des Ripuaires et peut-être la victime du vol pouvait-elle se contenter
de reprendre son bien sans exiger une composition.

PROCÉDURE CONTRADICTOIRE. — Lorsque le meuble volé
n'est découvert qu'après l'expiration du délai de trois jours,
l'accusé est admis à présenter sa défense; un véritable procès
commence alors, qui offre des analogies remarquables avec la
legis actio sacramenti des Romains. Dans les deux législations,
romaine et germanique, ce sont les parties elles-mêmes qui
conduisent la procédure, et les représentants de l'État ne jouent
qu'un rôle fort effacé. Dans les lois franques spécialement, des
actes très importants sont accomplis hors de la présence du
juge, nous diviserons donc notre sujet en deux parties :
1° procédure extra-judiciaire ; 2° procédure devant le tribunal.

PROCÉDURE EXTRA-JUDICIAIRE. — Le demandeur constate
d'abord l'identité de l'objet litigieux avec la chose volée, puis
il effectue la saisie ou *entiercement ;* vient enfin la réponse du
possesseur suivie dans certains cas d'un simulacre de combat.

Comme dans la procédure de flagrant délit, le demandeur
visite soigneusement l'animal, et quand il a découvert à
à l'oreille ou sur la peau le signe qui lui est propre, il le déclare
à haute voix. « C'est bien le cheval qui m'a été volé. »

Dans notre hypothèse, la constatation d'identité a une importance toute spéciale, car aux termes du titre LXXII, § 9 de la loi des Ripuaires, notre procédure est hors de cause, si le meuble volé ne porte pas une marque individuelle. Dans ce dernier cas il faudrait nécessairement avoir recours à l'action du vol dans sa forme ordinaire.

Après la reconnaissance vient l'entiercement ou saisie. Les coutumes secondaires du moyen-âge et les lois anglo-saxonnes permettent au propriétaire du meuble volé de s'en emparer, même s'il n'y a pas flagrant délit ; en attendant le jugement, l'objet litigieux sera confié à un tiers.

D'après les coutumes franques, le propriétaire pratique une saisie sur l'animal qu'il prétend lui avoir été soustrait ; en agissant ainsi, il exerce de nouveau sur le meuble son droit de propriété, paralysé un instant par le vol. C'est à cette main mise effective par la victime du vol que se rapporte le mot *intertiare* dont se sert la loi Ripuaire. La loi Salique emploie indifféremment les expressions « mittere in tertiam manum » et « intertiare ».

Comment s'effectue la saisie, l'entiercement ? Le *vestigium minans* porte effectivement la main sur l'objet marqué de son signe. Celui-ci était, dans l'intervalle, entouré d'un fil ou d'une branche d'osier flexible destinée à rendre publique la saisie qui avait eu lieu. Nous dirions aujourd'hui que les scellés étaient apposés sur la chose.

Jusqu'à ce moment le demandeur agit seul ; que va répondre le défendeur ? Il devra immédiatement prendre position, sans attendre davantage, et c'est là un des traits les plus originaux de la vieille procédure que nous exposons. Son choix sera difinitif, quelles que soient les circonstances ultérieures, et, s'il ne peut fournir la preuve proposée par lui, il sera nécessairement condamné, sans être admis à modifier ses premières conclusions.

Le défendeur peut se laver du soupçon de vol, qui pèse sur lui, tout en consentant à restituer le meuble ou, au contraire combattre d'une façon absolue la prétention de son adversaire.

Si le détenteur du bien s'en tient au premier parti, la loi des Ripuaires prévoit à cet égard deux hypothèses.

a. Le possesseur répond qu'il a un juste titre d'acquisition, mais il ignore le nom de son auteur ou bien il ne sait où le retrouver. Il doit alors s'obliger par *fides facta* à attester par serment la vérité de ses allégations et à présenter six cojurateurs. Un délai de quatorze nuits lui est accordé pour préparer sa justification; ce délai est invariable, quelles que soient les circonstances.

b. Le défendeur (titre LXXX) est également autorisé à prétendre qu'il a trouvé l'objet revendiqué ou qu'il l'a enlevé à des voleurs, avec *fides facta*, comme dans l'hypothèse qui précède; l'accusé s'engageait à établir son innocence en démontrant qu'il avait accompli ou au moins commencé à accomplir les formalités prescrites par la coutume.

Aux termes du chapitre CI de la loi Salique, le défendeur a la faculté de soutenir qu'il a trouvé le meuble dans la succession de son père, mais qu'il ignore comment ce dernier l'avait acquis.

Supposons maintenant que l'accusé contredise d'une façon absolue les allégations du demandeur; non seulement il entend ne pas payer la composition, mais encore il veut conserver l'animal lui-même. Les deux adversaires formulent alors leurs conclusions respectives suivent les rites traditionnels (titre XXXIII, § 1 de la loi des Ripuaires).

Au moment même où l'entiercement est effectué, un simulacre de combat se produit comme dans la procédure romaine. De sa main gauche chacun des plaideurs saisit l'objet litigieux; chacune des parties tient des armes de la main droite, et c'est là un trait curieux qui achève de donner aux anciennes coutumes leur véritable caractère. C'est de cette main droite ainsi armée que les deux adversaires prêteront serment; et c'est l'objet de chacun de ces deux serments qu'il nous faut préciser !

Le revendiquant jure qu'il met la main sur sa propre chose. Ce serment n'est pas du reste un serment de preuve; seulement, comme le droit du demandeur est contesté, la loi lui impose l'obligation de l'affirmer solennellement.

Lorsque le demandeur a juré, le défendeur doit à son tour prêter serment, la main droite armée et la main gauche sur l'objet. En saisissant matériellement la chose litigieuse, il révèle sa volonté de la conserver ei de ne pas donner satisfaction à la réclamation du *vestigium minans*.

Comme exemple de moyen de défense donnant lieu au simulacre de combat, la coutume des Ripuaires nous parle seulement du cas où l'accusé appelle son auteur en garantie. Le deuxième chapitre ajouté à la Loi salique vise une hypothèse analogue à celle que nous venons de mettre en lumière. D'après ce document, le possesseur actuel a le droit de prétendre qu'il a trouvé le meuble revendiqué dans la succession de son père et qu'à son tour celui-ci l'avait légitimement acquis. L'accusé peut aussi se prévaloir d'une cause d'acquisition originaire et répondre que l'animal a été élevé chez lui, qu'il a fabriqué lui-lui-même l'objet revendiqué. La procédure extra-judiciaire étant ainsi terminée, nous arrivons à la procédure judiciaire.

PROCÉDURE SUIVIE DEVANT LE TRIBUNAL. — L'organisation judiciaire des temps mérovingiens comporte deux degrés de juridiction. Au bas de l'échelle figure le tribunal de la centaine, le *mallus ;* au-dessus de cette juridiction se place celle du roi, le *staplum regis*. C'est au *mallus* qu'était soumis le procès que nous étudions. C'est à lui, en effet, que sont portées les affaires du petit criminel ; or notre action est une action de vol.

§ I. *Comment l'instance était-elle engagée ?* — La loi fixe elle-même le jour où le procès sera jugé, et nous ne voyons pas qu'aucune citation doive être faite. En ce qui concerne les délais, à l'expiration desquels les parties devront comparaître devant le tribunal, la Loi Salique et la Loi des Ripuaires consacrent un système différent. D'après la loi salique (XLVII), le délai est de 40 jours, si le demandeur et le défendeur résident l'un et l'autre dans le pays compris entre la Loire et la grande

forêt des Ardennes ; il est de 80 jours dans le cas inverse ; peu importe le lieu où l'auteur cité en garantie a son domicile. La loi des Ripuaires, au contraire, (xxxiii, i) tient compte de ce dernier élément. Les débats s'ouvriront devant le Tribunal 14, 40 ou 80 jours après l'entiercement, suivant que le vendeur demeure dans le duché, hors du duché ou enfin hors du royaume. Si d'ailleurs le garant n'est pas un Franc libre, mais appartient à l'une ou l'autre des trois classes dont parle le titre lviii, les délais sont diminués de moitié (tabularius, regius, romanus homo).

En vertu de la loi des Ripuaires (xxxiii), les débats s'ouvriront, dans tous les cas, à l'expiration d'un délai de 14 jours si l'accusé s'est borné à affirmer son innocence, sans repousser d'une façon absolue la demande de son adversaire.

Si au jour fixé le défendeur ne comparaît pas, le demandeur prend défaut contre lui en faisant constater par trois témoins qu'il l'a attendu jusqu'au coucher du soleil, « solem collocat ». Le droit commun s'applique ensuite. D'après la loi salique, le défendeur sera cité au tribunal du roi, et s'il fait de nouveau défaut, le roi le mettra hors la loi, *extra sermonem suum*. D'après la loi des Ripuaires on procèdera par voie de saisie sur les biens du contumace, afin de le contraindre à paraître en justice. Mais, en attendant l'issue du procès, à qui appartiendra la possession intermédiaire de l'objet litigieux ? Nous pensons que, d'après la loi salique tout au moins, le propriétaire de l'objet volé sera autorisé à reprendre le meuble jusqu'au jugement définitif.

Si le possesseur, à l'expiration du délai légal, se présente au *mallus* ou au *staplum regis* avec l'objet entiercé, le tribunal aura sous les yeux la chose même, objet du litige. Si la bête revendiquée ne peut pas être présentée aux juges, il ne semble pas que l'accusé soit admis à se défendre. Nous dirons donc que la présence des meubles litigieux est indispensable à la marche de la procédure. Car il faut que les cojurateurs et l'auteur appelé en garantie soient mis à même de constater l'identité de l'objet revendiqué ; ce dernier doit en outre être restitué par l'ayant cause à l'auteur au moment où celui-ci se porte garant.

Si, après l'entiercement, l'esclave meurt de maladie, le possesseur intérimaire doit alors, en présence de six témoins, l'enterrer dans un carrefour, en lui attachant les pieds avec une branche d'osier flexible. Cette branche sortira de terre et révèlera ainsi d'une façon exacte la sépulture. C'est à cet endroit même que viendra siéger le tribunal. L'accusé se rendra aussi sur les lieux avec les six témoins qui ont assisté à l'ensevelissement, et, ainsi que ces derniers, il jurera que l'esclave entiercé gît à cette place ; qu'il n'a été tué ni par les hommes ni par les animaux, que sa mort a été naturelle et n'a pas été causée par accident ; il devra en outre affirmer par serment que la branche d'osier entoure vraiment les pieds du cadavre. Lorsque ces formalités ont été accomplies, l'esclave est considéré comme présent ; grâce à la *retorta*, les plaideurs seront en communication avec lui et la procédure suivra son cours comme s'il vivait encore.

Si le défendeur a tué sciemment l'animal, il aura néanmoins lafaculté de se conformer aux prescriptions que nous venons de faire connaître. L'animal sera enterré dans un carrefour avec une branche d'osier au pied, et l'accusé aura encore l'espoir de se décharger du soupçon qui pèse sur lui.

§ II. *Discussion des moyens.* — Deux hypothèses, comme nous l'avons déjà dit, sont à prévoir.

A. — Si le défendeur n'a pas contesté d'une façon absolue les obligations du demandeur et s'est borné à répondre qu'il est innocent, l'accusé jurera avec des cojurateurs qu'il a acheté le bien mais qu'il ne connaît pas le nom de son auteur et qu'il ne sait où le trouver. Il sera alors absous du délit de vol, il devra néanmoins restituer l'objet, car, en ce qui concerne la restitution du meuble volé, aucune contradiction n'a été opposée aux prétentions du demandeur. Si l'animal a péri dans l'intervalle, le demandeur doit rappeler, avec témoins, à quel prix il avait été estimé.

B. — Dans l'hypothèse où le défendeur, en repoussant d'une façon absolue la demande de son adversaire, entend rester en possession du meuble litigieux, le plaideur peut faire valoir trois moyens différents.

Supposons d'abord que le défendeur ait invoqué une cause d'acquisition originaire. Il doit, selon la *loi salique* prouver son obligation en faisant intervenir trois témoins. La *loi des Ripuaires* est absolument muette sur ce point, mais nous pensons qu'il est vraisemblable que, d'après cette dernière coutume, la preuve devait être faite par ordalies, par le combat judiciaire ou par l'épreuve de la croix.

En second lieu, l'accusé peut appeler son auteur en garantie. Le procès se dédouble alors, il faut d'abord se demander qui doit en définitive figurer au procès comme défendeur et examiner ensuite si les prétentions du revendiquant sont fondées.

D'après les coutumes franques, l'accusé doit présenter son auteur au tribunal du lieu où l'entiercement a été effectué.

L'accusé cite son auteur suivant les formes de la citation ordinaire ou *mannitio*, faite en présence des témoins qui ont assisté à la vente. Le vendeur peut, à son tour, citer son auteur pour le jour fixé, et ainsi de suite ; dans l'intervalle l'accusé conserve la possession.

a. — Si l'assignation reste inefficace et que le défendeur comparaisse seul devant le Tribunal, d'après la *loi Salique* XLVII,II, ce dernier peut même dans ce cas justifier de l'accusation portée contre lui ; mais il faut que trois témoins viennent jurer que telle personne a été en réalité appelée en garantie, et que trois autres affirment de même que l'accusé a vraiment acquis le meuble de celui qu'il a nommé. Lorsque cette preuve aura été fournie, le gérant sera condamné par contumace à la peine du vol: Le demandeur sera imédiatemment autorisé à exiger de lui le paiement de la composition, et le défendeur rendra, sans plus attendre, l'objet litigieux, sauf à réclamer au vendeur le remboursement du prix de vente.

D'après la *loi des Ripuaires* (xxxiii, 2), l'accusé, dans l'espèce prévue, doit jurer avec six cojurateurs « quod eum legibus mannitum habuisset et sibi ab alio homine ipsa res tradita non fuisset ». Ce serment prêté, l'animal entiercé doit être rendu au revendiquant, mais la condamnation à l'amende n'est pas immédiatement prononcée contre le défendeur. Un nouveau délai lui est accordé ; si dans ce délai le vendeur reconnait les faits et lui restitue le prix de vente devant témoins, alors seulement son innocence sera proclamée d'une façon définitive.

b. — La personne citée se présente devant le Tribunal, mais elle ne consent pas à accorder de garantie ; elle nie avoir jamais aliéné l'animal volé ; dans ce cas, le possesseur est autorisé à faire intervenir trois témoins pour démontrer l'existence de la *mannitio*, et trois autres pour établir celle de l'acquisition en public (loi salique xlvii,ii). D'après la *loi des Ripuaires*, le procès est perdu, si l'auteur, tout en comparaissant devant le Tribunal, ne veut pas reconnaître son obligation de garantie. Le possesseur est condamné comme voleur ; son acquittement était en effet subordonné à une condition qui ne s'est pas réalisée. Il était du reste vraisemblable qu'après avoir payé la composition, le défendeur pouvait recourir contre son auteur dans les deux cas précités.

c. — Si le vendeur consent à se porter garant, sa volonté se manifestera d'une façon matérielle. Le défendeur lui remettra la chose litigieuse devant le Tribunal, et, en la recevant, il s'engagera à se substituer au lieu et place de l'acheteur. Dès que cette remise est opérée, le détenteur originaire est mis absolument hors de cause ; le procès s'engage exclusivement entre le demandeur et le garant.

Après s'être porté garant, le vendeur peut à son tour appeler son auteur en garantie, et il en est de même de ce dernier, le nombre des garants est indéfini. Tous les vendeurs successifs comparaissent en même temps devant le Tribunal et l'objet litigieux passe immédiatement de main en main, jusqu'à ce que l'on arrive au vendeur qui n'est couvert par personne.

d. Le défendeur répond qu'il a trouvé le meuble entiercé dans la succession de son père. Il fait alors présenter trois témoins pour établir ce fait, et trois autres témoins pour démontrer que son auteur l'avait lui-même acquis d'une succession régulière. Cette double preuve fournie, le demandeur est débouté de sa prétention et la chose litigieuse adjugée au possesseur actuel.

§ III. Du jugement. — En supposant d'abord que le défendeur soit condamné, il se peut qu'il soit convaincu de vol, mais il se peut aussi qu'absous du chef de vol il soit néanmoins condamné à rendre l'objet. Dans le premier cas, le voleur doit en premier lieu restituer la chose ou sa valeur, avec une amende pour le retard éprouvé par le demandeur, en raison du procès ; il acquittera en outre l'amende du vol.

Si le Tribunal prononce l'acquittement, le demandeur sera donc condamné à la peine qui eût été infligée à l'accusé reconnu coupable ; la loi du talion lui sera appliquée.

SECTION II.

Le meuble n'a été ni perdu par cas fortuit ni volé

Si un propriétaire a prêté un objet qui lui appartient ou l'a déposé chez un tiers, et que le possesseur à titre précaire l'ait aliéné, le prêteur ou le déposant sera-t-il autorisé à intenter contre l'acquéreur une action en revendication ? La question paraît d'abord singulière ; et *à priori* il semble absurde qu'une législation, tout en reconnaissant la propriété mobilière, ne la pratique pas d'une façon efficace, et ne permette pas au titulaire du droit de le faire respecter par tous. Aussi ne sommes-nous pas étonné de trouver notre action en revendication, non-seulement dans les monuments les plus anciens de la jurisprudence romaine, mais encore dans les lois de Manou et dans les coutumes des Kabyles contemporains.

La législation germanique consacre cependant une doctrine tout opposée, et dans l'hypothèse prévue le propriétaire aura seulement un recours contre le commodataire ou le dépositaire infidèle; l'acquéreur sera à l'abri de toute poursuite. En d'autres termes, les sources juridiques de notre époque ne connaissent pas la revendication dans le sens moderne du mot : « Les meubles n'ont pas de suite ».

Il n'en était pas de même chez les francs-saliens ; c'est l'avis généralement émis aujourd'hui par les historiens de notre droit.

L'explication d'une pareille lacune dans la procédure germanique est un problème fort délicat, sur la solution duquel les historiens ne sont pas d'accord. Nous croyons devoir rattacher notre maxime aux caractères particuliers de notre vieille procédure.

Résumant les observations qui précèdent, et que le cadre de notre étude nous oblige à abréger, nous dirons qu'aux époques mérovingiennes et carlovingiennes, on ne connaît pas la revendication des meubles, et que la voie criminelle seule est ouverte au propriétaire d'objets volés ou perdus.

DROIT DU MOYEN-AGE

(xie, xiie et xiiie siècles).

Les sources françaises du moyen âge nous présentent l'image d'une législation éminemment formaliste et primitive. L'influence du droit romain et les innovations produites par les nécessités du commerce ne sauraient être méconnues.

Tandis que les jurisconsultes romains distinguent les actions réelles des actions personnelles, et accordent au propriétaire, en raison même de sa qualité, une voie de recours contre tout possesseur de la chose, les rédacteurs des vieilles coutumes françaises ne connaissent pas la revendication mobilière ; dans ces coutumes, c'est le point de vue pénal qui domine ; lorsque j'ai perdu contre mon gré la possession d'un animal, l'action de vol m'est ouverte. Si, en raison de son caractère criminel, cette action a pour moi de réels avantages, elle m'expose en revanche à des risques et, en cas d'échec, la peine du talion me sera appliquée.

Avec le progrès des idées en matière de répression des crimes et délits et le développement de la puissance sociale, une première réforme ne tarda pas à s'accomplir. Le châtiment des voleurs était devenu corporel et ne consistait plus comme autrefois en une simple amende ; en sens inverse, grâce aux idées du Moyen-Age en matière de preuve et en matière d'honneur, on était arrivé à prescrire le combat singulier dans tous les cas où le voleur n'était pas pris en flagrant délit. Ces deux faits expliquent la création d'une action nouvelle, la demande de *chose emblèe* (volée) à côté de l'ancienne action de vol.

La demande de chose emblèe a une nature qui lui est propre et ce n'est pas seulement une forme de l'action de vol. Comme

celle-ci, elle doit être rangée dans la catégorie des actions
criminelles ; mais d'une part, si le plaignant succombe, il sera
seulement condamné à payer une amende et ne subira pas la
peine réservée aux voleurs, et, d'autre part, le duel judiciaire
ne joue plus ici qu'un rôle tout à fait effacé ; en principe le
défendenr se justifiera en appelant son auteur en garantie.
Enfin le domaine de cette action est restreint à l'hypothèse où
le meuble a été retrouvé en la possession d'un tiers.

En imaginant cette procédure nouvelle, les vieux légistes
avaient permis au propriétaire d'obtenir plus facilement la
restitution du meuble volé, sans renoncer cependant aux
règles fondamentales du droit germanique.

A l'origine, le propriétaire de la bête égarée doit recourir
nécessairement à l'action de vol ; plus tard il peut se servir de
la demande de chose emblèe ; mais en raison de ce fait que,
d'après la législation féodale, les objets trouvés étaient remis au
seigneur et gardés par lui jusqu'à l'expiration du délai d'an et
jour, la notion moderne se dégagea peu à peu de la conception
primitive. Lorsque l'ayant droit se présentait devant le Tribunal avant l'expiration du délai, il ne pouvait se plaindre
d'aucune injustice ni entamer une procédure criminelle ; on en
arriva par suite à reconnaître que le propriétaire devait avoir
à sa disposition une action civile, au moins en cas de perte
accidentelle ; ce fut l'action de *chose adirée.*

Dès lors, les praticiens, poussant plus loin leur analyse,
découvrirent qu'à côté de la question de culpabilité il y avait
place pour un délit purement civil portant uniquement sur le
point de savoir à qui appartient le meuble volé ; on autorisa la
victime du vol à revendiquer son bien comme s'il avait été
perdu fortuitement et à intenter l'action de chose adirée, sauf
au seigneur à entamer de son côté une instruction criminelle
absolument distincte de la procédure civile. C'était là un remar-
quable résultat, d'autant plus que la théorie de la partie civile
est née seulement au xive siècle.

ÉPOQUE DE TRANSITION

(xive et xve siècles).

En consultant les sources coutumières, nous avons pu nous convaincre qu'un mouvement d'idées s'était produit tendant à séparer de plus en plus l'élément civil de l'élément criminel. Il ne faudrait pas croire cependant que la législation se soit brusquement transformée à cet égard et que les praticiens de notre époque aient exclusivement réservé l'action publique aux représentants du pouvoir social. En instituant auprès des cours de justice un procureur du roi où du seigneur chargé de poursuivre d'office la répression des crimes et des délits, le droit du xive siècle accomplit sans aucun doute une réforme très importante; le particulier lésé peut désormais se soustraire aux conséquences de la loi du talion et *dénoncer* le fait à la justice sans se porter directement accusateur ; néanmoins, même en ayant recours à la *dénonciation*, la victime du délit demande la punition du coupable au même titre que le procureur du roi ; son rôle n'est pas identique à celui qui est assigné à la partie civile par le Code d'instruction criminelle.

Grâce à ce changement, nous voyons les jurisconsultes des xive et xve siècles classer les actions en actions réelles et en actions personnelles suivant la nature du droit qu'il s'agit de protéger ; le juge ne recherche plus si oui ou non un délit a été commis, si oui ou non la possession du meuble a été enlevée au demandeur à tort et contre son gré; c'est l'existence même du droit de propriété qui est l'objet du débat ; avant de rendre son jugement la Cour examinera quels sont les titres des deux adversaires, et, remontant la série des auteurs successifs, se prononcera sur la validité des aliénations.

ÉPOQUE COUTUMIÈRE PROPREMENT DITE

(xvi⁰, xvii⁰ et xviii⁰ siècles).

————

Comme ceux de l'époque précédente, les criminalistes de notre période empruntent aux jurisconsultes romains leur définition du vol ; le dépositaire coupable d'abus de confiance est donc assimilé à un voleur et traité comme tel. Les Cours se reconnaissent néammoins le droit de renvoyer le prévenu des fins de la plainte, si des circonstances atténuantes se rencontrent dans la cause.

On admit la possibilité de revendiquer les meubles, sauf le droit pour le détenteur de repousser l'action et de réussir en prouvant : sa *possession pendant un certain délai* avec *juste titre* et *bonne foi*.

Le commerce se développant, des plaintes nombreuses se produisirent contre cet état de choses qui entravait la liberté du commerce, et on n'exigea, de la part du défendeur à l'action aucune des justifications énoncées plus haut. Telle fut au xviii⁰ siécle la jurisprudence du Châtelet de Paris, ainsi que l'atteste Bourjon. Ce dernier dit, en effet : « En matière de meubles, la possession vaut titre de propriété ; la sûreté du commerce l'exige ainsi. » C'est à cette jurisprudence que les auteurs du Code ont emprunté l'article 2279 que nous allons expliquer sommairement pour ne pas rendre cette étude, surtout historique, trop étendue.

DROIT ACTUEL

———❦———

Nous traiterons successivement les trois points suivants :

1º Quel est le sens et la portée de la règle : En fait de meubles la possession vaut titre ?

2º Quelles sont ses applications ?

3º Quelles sont les exceptions à cette règle ?

§ I. SENS ET PORTÉE DE LA RÈGLE. — Sur ce point, trois opinions sont en présence ; suivant la première, notre règle signifie que le possesseur d'un meuble actionné en revendication est dispensé de justifier de son *titre*, et qu'il peut se borner à répondre : *Possideo quia possideo.*

D'autres pensent que notre règle établit une prescription instantanée au profit du possesseur qui, néanmoins, est tenu de justifier de son titre.

Enfin, dans une troisième opinion, notre règle établit en faveur du possesseur, réunissant toutes les conditions nécessaires, une présomtion légale de propriété.

Pour découvrir le sens de la règle, il y a deux moyens : le premier, consiste à l'éclairer par l'exception que la loi lui fait subir ; le second, à interroger la tradition.

L'article 2279 contient une règle et une exception. La règle est obscure, mais l'exception est très claire ; elle consiste en ce que, dans un cas particulier, celui de perte ou de vol, le propriétaire d'une chose mobilière est admis à la revendiquer contre celui dans les mains duquel il la trouve. Si l'exception est qu'on revendique, la règle est qu'on ne revendique pas ; l'exception est nécessairement de même nature que la règle, puisqu'elle a précisément pour objet de soustraire à son empire un cas qu'elle comprend. Il faut dire que la règle *en fait de meubles la possession vaut titre* signifie qu'on ne revendique pas les meubles.

La tradition confirme pleinement l'induction tirée du texte même de la loi. Bourjon, résumant la jurisprudence du Châtelet de Paris, nous dit : « En matière de meubles, la possession vaut titre de propriété. » Si la possession vaut ti're de propriété, on ne peut pas plus revendiquer contre le possesseur que contre un véritable propriétaire.

§ II. CONDITIONS D'APPLICATIONS DE LA RÈGLE. — Elle ne s'applique point à tous les meubles, mais seulement aux *meubles corporels*, susceptibles seuls d'une *tradition manuelle* et d'une possession à *titre de propriétaire.*

Elle ne s'applique point : 1° aux universalités de meubles ; 2° aux meubles incorporels ; 3° aux meubles qui ne sont pas dans le commerce.

Les meubles *incorporels* sont tous les droits *personnels* ayant pour objet les meubles (par exemple un droit de créance).

Leur transmission est, en général, constatée par un *écrit* et leur origine est facile à constater.

Il y a exception cependant pour les *titres au porteur* pour lesquels le droit de créance s'identifie avec l'écrit qui le constate. La loi du 15 février 1872 en permet la revendication.

Les *universalités de meubles* sont des ensembles de meubles dépendant d'un même patrimoine (meubles dépendant d'une succession).

Notre règle ne s'applique point à ces universalités, soit dans leur ensemble soit dans une quote-part.

Une succession serait-elle composée uniquement de meubles corporels, ces meubles seraient susceptibles de revendications par l'action en *pétition d'hérédité.* (Voir les anciens auteurs et les travaux préparatoires du Code.)

Par *universalités* on entend les universalités de *droit* par opposition aux universalités de *fait* (un troupeau, une bibliothèque).

Parmi les biens qui ne sont pas dans le commerce nous mentionnerons : les biens du domaine public (Voir C. de Paris, D. 46, 2, 212). (Voir loi du 30 mars 1887, sur la conservation des meubles d'art, du mobilier d'État, des départements ou des communes).

§ III. Exceptions a la règle. — Certains meubles, bien que corporels et dans le commerce, ne rentrent pas dans la règle de l'article 2279.

Nous citerons : 1° les navires (voir art. 195 et 190 du Code de commerce) ;

2° Les meubles *volés* et *perdus* (art. 2279 et 2280) ;

3° Les meubles détournés pendant la commune de Paris en 1871 (voir lois des 12 mai et 7 juin 1871) ;

4° Les titres au porteur perdus ou volés (voir loi du 15 juin 1872).

BIBLIOGRAPHIE

De Ferrière. Institutes de Justinien. — *Jobbé-Duval*. Étude historique sur la revendication des meubles en droit français.— *De Gourmont*. Étude sur la possession des meubles. — *Ortlieb*. De la possession des meubles. — *Raynaud*. De la règle en fait de meubles, la possession vaut titre. — *Sohm*. La procédure de la *lex Salica*. — *Thévenin*. De la forme dans l'ancien droit germanique.

TABLE

www.ingramcontent.com/pod-product-compliance
Lightning Source LLC
Chambersburg PA
CBHW070736210326
41520CB00016B/4475